SERIE LITERATURA

AJUNTAMENT DE VALÈNCIA

ACCIÓ CULTURAL, PATRIMONI
I RECURSOS CULTURALS

XLI Premios Literarios "Ciutat de València" 2023

Un jurado presidido por José Luis Moreno Maicas, y formado por Jessica Belda, Manuel-Ángel Conejero, Eva Redondo Llorente y Paco Zarzoso, acordó conceder el Premio "Max Aub" de teatro en castellano, de los XLI Premios Literarios "Ciutat de València", a la obra *Lo peor que le puede pasar a un niño*, escrita por Javier Liñera.

© *Lo peor que le puede pasar a un niño* · Javier Liñera

© Diseño de portada, colección y editorial:
Proyecto Ñaque, S.L.

Director de colecciones:
Fernando Bercebal Guerrero

© De esta edición:
ÑAQUE Editora
Camino de los Bonetes, 24
28250 · Torrelodones
ESPAÑA

1ª Edición, 2024

Depósito legal
M-9015-2024

ISBN 978-84-18669-21-7

Impreso en:
Gráficas Alto Tajo

DE
javier liñera

LO
PEOR
QUE
LE
PUEDE
PASAR
A
UN
NIÑO

PREMIO MAX AUB DE TEATRO EN CASTELLANO
CIUTAT DE VALÈNCIA 2023

PRÓLOGO a

'Lo peor que le puede pasar a un niño'

"La infancia siempre es la parte más dura.
Hay que sobrevivir a ella. Y luego evitarla, si se puede. Evitar
sus posos.
Si no se puede, si se te ha enquistado tanto como para llevarla a
todos lados en el bolsillo,
es importante tomar una decisión."

Puse estas palabras en boca de un pedófilo, en invierno de 2017. Pertenecen a un texto teatral inédito, *"Mi perra"*, una dramaturgia que aún hoy me asusta lo suficiente como para que me lo piense dos veces antes de leerla de vuelta. Está basada en una serie de crímenes reales contra niñas y adolescentes, acaso las víctimas predilectas de nuestro sistema – mundo. A partir de esos cadáveres y de toda esa tristeza insoportable, teoricé acerca de las razones que dirigen la violencia más formidable de todas hacia los seres más inocentes. Teorización inútil, hasta cierto punto, dado que estamos delante de un misterio – no sé si el más grande de todos, pero puede que el más sobrecogedor – y con los misterios no hay nada que hacer; a los misterios no les sienta bien la respuesta asertiva; en los misterios una debe bañarse y despreocuparse si no acaba de ver el fondo, de lo contrario, no hará sino alimentar sus efectos más agresivos.

El caso es que todas nosotras hemos sido niñas, antes, y sabemos bien que ser niña puede ser algo dolorosísimo cuando no cumples las expectativas de aquellas que te rodean. Incluso si las madres / maestras de turno no nos exigen ser Penélope Cruz o Iker Casillas de un modo evidente, nuestras niñas han querido igualmente ser amadas y legitimadas por sus modelos adultos, mera cuestión de supervivencia animal, por lo común – ellas nos alimentan, al fin y al cabo, y pagan nuestras visitas al dentista, también, y nos compran una talla más de ropa cuando los pantalones dejan de cubrirnos los tobillos –; nuestras niñas harían lo que hiciera falta con tal de no verse privadas de ese afecto o de no encontrarse un día, con menos amor, porque no tienen por qué haber nacido con inteligencia emocional en su software; no tienen por qué reconocer que el rechazo externo no es culpa suya, ni está vinculado necesariamente con algo que hayan hecho o dejado de hacer; nuestras niñas quizá no fueron violentadas del modo horrible en que muchas otras, a lo largo y ancho del globo, lo son y lo están siendo ahora mismo, pero han atravesado de otras formas el desprecio del mundo adulto, una aversión inconsciente hacia esa oportunidad de ser auténticamente libre que toda niña simboliza, y han recibido castigos, reproches, correcciones directrices, chantajes, hasta que, finalmente, han enterrado la alegría de no ser nadie con tal de pertenecer a una sociedad que premia la construcción identitaria fija – y algunas identidades po encima de otras –.

Javier no quiere que esta violencia quede velada por un misterio Arroja la luz de una autopsia sobre el niño que fue, y en un acto de generosidad extraordinaria, hace público su exorcismo para todas nosotras. Quiere contarse y contarnos, incluso si, a la postre no podemos acceder más que a las capas más superficiales de esta atrocidad, a saber, que todas somos – aún hoy – las heridas que nos hicieron de pequeñas.

¿Es posible pasar de puntillas por la infancia? No. ¿Es posible sanar la violencia física y psicológica dirigida a un cuerpo? Sí ¿Es fácil? Para nada – es lo difícil por definición –. ¿Es eso lo que intenta hacer Javier a través del teatro? Creo que sí. ¿Cuál es el resultado? En primer lugar, y eso es lo primero que saltará a la vista, el resultado es un texto portentoso que no quiero alabar de más, porque eso de que las dramaturgas nos demos palmaditas en la espalda o besos con lengua da mucha grima, y con razón – las honduras de la obra que sigue a continuación no necesitan que nadie las elogie o las anticipe, se bastan a sí mismas –; en segundo lugar, no estamos ante un *striptease* impúdico que nadie ha pedido, porque todo cuanto sucede aquí, en esta herramienta para la escena, es nuestro – nos guste más o menos –, es parte de nuestra vida – seamos homosexuales o no –, es universal; en tercer lugar, el resultado es una 'dramaturgia del yo' tan extrema, tan llevada hasta el límite y la entraña misma, que a partir de ella no queda más que desaparecer, o lo que es igual, volver a la infancia, a la niña que solo quería ser, y nada más. ¿Has llorado Sergio? Sí, mucho. ¿Has reído? Más de lo que he llorado – mi sentido del humor es tirando a negro –. ¿En qué medida '*Lo peor que le puede pasar a un niño*' puede ayudarte a cicatrizar tus propias heridas? No sé qué le pasará a otra gente, a las lectoras que se asomen a este vértigo de recuerdos personales y colectivos, pero sé que a mí me ha obligado a volverme cauce de unas emociones que siempre había negado o reprimido, y eso es algo que tarde o temprano tenemos que permitir si deseamos que la vida no nos oprima demasiado.

Yo, como el niño de este texto, siempre quise ser bueno. Rezaba insistentemente por las noches, antes de dormirme, para que me pasaran cosas buenas, ya que intuía que nada iba a ser fácil para mí, o al menos no tan fácil como para otra gente con deseos e inclinaciones más normativas. Repasaba todos los pecados que había cometido a lo largo del día en cuanto apagaba la luz, y tras completar la lista – a menudo larga – me prometía a mí mismo y le prometía al niño Jesús que sería bueno al día siguiente porque yo era muy bueno, en el fondo, yo podía mostrar mi bondad al mundo. Como el niño de este texto, confundí 'ser bueno' con 'ser obediente', y me volví dócil, y di mucha pena a todo el mundo, tanta que pronto dejaron de insultarme y de meterse conmigo porque era demasiado sumiso y les daba – supongo – demasiada vergüenza cebarse conmigo. Pedí perdón de antemano, no fuera a ser que una falta de prudencia, en ese aspecto, me confinase aún más. Me conformé con cierta soledad melancólica y con según qué dinámicas de abuso porque, ¿quién era yo para reclamar algo distinto?, los niños buenos no protestan ni devuelven los regalos que se les hace, y también como el niño de este texto, he estado a punto de perderme para siempre en las miradas de las demás

...o peor que a mí me pasó, entre los cuatro y los quince años, fue que mi padre me hiciera prometer que yo no iba a ser 'un maricón de esos' y que mi psicóloga les dijera a mis madres, delante de mí, que yo era una persona muy frágil y que a cualquiera le iba a resultar extremadamente fácil hacerme daño, en fin, creo que puedo darme con un canto en los dientes. No todas las niñas salen tan ilesas de su campo de juegos. Siento que esta obra está íntimamente dedicada a esas niñas, y su valor principal es ese, la voluntad de honrar y de acompañar esos tránsitos hacia el pasado - condiciones ineludibles para que exista algo parecido a un porvenir sereno -. Su valor es denunciar la injusticia y aporta su propia medicina reparadora.

'No ha habido una época en la que los niños no produjeran espanto. Son todo lo que es posible. El germen de eso que podría destruirte. Son siempre mejores que tú."

Así se pronunciaba, finalmente, el pedófilo de aquel texto ya lejano. Quizá intuyendo que toda violencia es impotencia, y que cuando el mundo yazca cansado de conducir las energías en una única dirección, la inocencia – aun machacada en el mortero de la historia – seguirá ahí, dispuesta a esparcirse sin miramientos ni complacencias.

Deslizaos por la madriguera admirable de esta lectura, urdida con el cariño de una mirada inocente.

Lo peor que le puede pasar a un niño

PERSONAJES

BARBIE

CHICO

Javier Liñera

"Saqué una pistola y disparé contra todos los hombres buenos."

Nena Daconte

NOTA: EL SIGNO "/" SIGNIFICA QUE LA RÉPLICA ES CORTADA POR LA SIGUIENTE.

Necropsia

*UNA HABITACIÓN CUBIERTA POR MANTAS
TÉRMICAS DORADAS QUE SE SUELEN PONER
A LOS MUERTOS. CUANDO LA HABITACIÓN
SE DESCUBRA, SE PODRÁ VER UNA GRAN
ALFOMBRA BLANCA DE PELO DE PELUCHE.
ENCIMA DE ELLA HABRÁ PELUCHES DE
COLOR ROSA PÁLIDO Y AZUL PÁLIDO. A
AMBOS LADOS, DOS MESAS Y DOS SILLAS.
SOBRE LAS MESAS ALGUNOS ELEMENTOS
LUMÍNICOS Y METÁLICOS QUE RECUERDAN
A HERRAMIENTAS DE CIRUGÍA. TAMBIÉN HAY
CÁMARAS Y AROS DE LUZ Y ALGÚN MÓVIL. LA
HABITACIÓN ESTÁ ENTRE ESAS DOS MESAS,
COMO SI FUERA EL OBJETO A EXAMINAR.*

*EL CHICO CUBIERTO CON OTRA MANTA
TÉRMICA ESTÁ SENTADO EN SU MESA. LA
PUERTA ESTÁ ABIERTA. BARBIE ENTRA Y
CIERRA LA PUERTA Y SE QUEDA MIRANDO
AL CHICO. EL CHICO NO PARECE QUE TIENE
MUCHAS GANAS. BARBIE EMPIEZA A HABLAR.*

BARBIE   Muchas gracias por venir a esta necropsia.
De verdad. Son bienvenidos y bienvenidas y
bienvenides.

Antes de empezar quiero advertirles que no habrá
sangre, así que no se desmayarán, si es que se
desmayan cuando ven sangre. Pero sí que se
pueden desmayar por lo que podamos descubrir.

Y ahora, nene, (*REFIRIÉNDOSE AL TÉCNICO*) por
favor, ¿puedes apagar la luz?

CHICO   De pequeño no podía dormir con la luz apagada.

BARBIE   Sé que puede darte miedo o pudor, pero todo irá
bien. Además, es hacer esto o que dispares a
todos los hombres buenos.

SE MIRAN EN SILENCIO.

CHICO	¿Puedo hacerte caracolillos en el pelo para calmarme?
BARBIE	Claro.
CHICO	¿Y te importa que me tumbe contigo?
BARBIE	¿Vamos?

EL CHICO ASIENTE. LA LUZ, POCO A POCO VA DESCENDIENDO. EL CHICO Y BARBIE SE SIENTAN SOBRE LA HABITACIÓN QUE TODAVÍA TIENE ESA MANTA DORADA. LA LUZ ES CÁLIDA EN ESA HABITACIÓN, COMO SI EL SOL HUBIERA ENTRADO POR LA VENTANA.

BARBIE Existe el conejo de Alicia, el conejo gris y blanco que el abuelo mata con un golpe seco en la nuca o el conejo de ojos gigantes que está despellejado sobre una bandeja blanca envuelto en plástico que se encuentra en la sección de carnes del supermercado que está debajo de tu casa. Y hay conejos grises con grades ojos azules que necesitan hacer caracolillos en el pelo para calmarse. Y hoy realizaremos una necropsia para saber de qué murió este conejo. (*BARBIE RETIRA LA MANTA QUE TAPA AL CHICO*) La necropsia consiste en la apertura ordenada, sistemática y completa de un cadáver. Lo primero: asegurarse de que el animal esté muerto. Puede haber sufrido un ataque de catalepsia.

CHICO Creo que estoy muerto.

BARBIE Después, el contexto, el conejar, ese sitio donde se crían los conejos. Este animal es del conejar, de la granja. (*SE LEVANTA Y EL CHICO APARTA LAS MANTAS TÉRMICAS Y APARECE EL CUARTO. RETIRA LAS MANTAS Y SE SIENTA EN EL CUARTO*).

CHICO Me encerraba horas en el conejar, mi habitación. Es que me costaba hablar.

Javier Liñera

BARBIE	¿Y saber qué hábitos tenía?
CHICO	Me costaba dormir y me costaba relacionarme. Por eso mi madre me apuntó a judo, a kárate, a inglés, a francés, a clases de cama elástica, a gimnasia, a natación.
BARBIE	¿Cómo se comportaba?
CHICO	Conseguí el carné de socorrista, pero seguía sin hablar.
BARBIE	¿Qué comía?
CHICO	Hasta los cinco años no comí comida.
BARBIE	Puede ser que haya muerto por algo que ha comido.
CHICO	Nací y lo vomitaba todo. El médico le dijo a mi madre que, si en un mes no comía, moriría. Mi madre empezó a darme purés y dejé de vomitar y lo logró. Así que no morí y hasta los cinco años comiendo purés. Ama, no quiero curés, quiero comida.
BARBIE	Eso es comida.
CHICO	Eso mismo decía mi madre.
BARBIE	Eso es, tu madre. Para conocer el contexto, lo mejor es el testimonio directo de la granjera que lo cuidaba.
CHICO	Lloraba demasiado, así que sus recuerdos estarán demasiado ahogados en dolor.
BARBIE	¿Y el granjero?
CHICO	Estaba demasiado borracho o nunca estaba, así que no creo que sirva y no quiero que sirva. ¿Lo entiendes?

17

BARBIE	Pues tendremos que ser meticulosas en nuestros recuerdos.
CHICO	También podemos mirar el diario.

EL CHICO MIRA UN CUADERNO ROSA QUE HAY EN LA HABITACIÓN.

BARBIE	¿Seguimos con los datos del animal? Nene, ¿me puedes poner el siguiente tema?

EL CHICO MIRA AL FRENTE. BARBIE VA A SU MESA Y ENCIENDE UN FLEXO U OTRA LUZ QUE HAY SOBRE LA MESA.

El castellano opresor

Y SUENA ¿POR QUÉ TE VAS? DE JEANETTE.

CHICO Cuando nací se estrenó la película *Cría cuervos* y sonaba esta melancólica canción. ¿Cómo no iba a ser melancólico?

BARBIE Muy melancólico.

CHICO También porque vivía en una ciudad donde llovía demasiado.

BARBIE No paraba, no paraba, no paraba.

CHICO También soy asmático.

BARBIE No se te nota.

CHICO No lo tenemos escrito en la frente.

BARBIE Ya.

CHICO También soy un chico bastante enfermizo.

BARBIE Y en el mundo, terminaba la Guerra de Vietnam, pero no colgué mi traje de Barbie Guerrillera porque empezaba la del Líbano. En Francia guillotinaron al último hombre y ya quemé mi falda de la Revolución Francesa. Y se estrena la película de Tiburón y volé Sobre el nido del cuco. Y en España se estrena Chicas de alquiler y todas empezamos a enseñar las tetas porque creíamos que era nuestra liberación. Empiezan las manifestaciones LGTBI, la revolución de las travestis, de las trans, de las bolleras y de los mariquitas. Muere Franco y Carrero Blanco saltó por los aires como un conejo.

CHICO ETA le hizo saltar por los aires como un conejo y su violencia me acompañó durante mucho tiempo. Como me acompañó la del GAL y la policía torturadora y el hablar de política era un acto de vida o muerte.

BARBIE   Encerrabas mucha violencia

CHICO   Soy un bebé del cambio. Un bebé del: Todo va a ir a mejor. Un bebé melancólico y húmedo, asmático y de delicada salud y que encerraba mucha violencia. Y disforia de idioma. Txikitan, amonarekin euskaraz mintzatzen nintzen. Ama Burgoskoa da, eta ez daki euskaraz. Amak uler zezan, hortaz, euskaraz ez mintzatzeko esaten zigun aitak. Beraz, gaztelaniak gorputza, adimena eta zuekin erabiltzen dudan hizkuntza inbaditu zizkidan. (*TRADUCCIÓN. YO, DE PEQUEÑO, HABLABA EUSKERA CON MI ABUELA. MI MADRE ES DE BURGOS Y NO SABE EUSKERA. ENTONCES, MI PADRE, PARA QUE MI MADRE ENTENDIERA, NOS DIJO QUE NO HABLÁRAMOS EN EUSKERA. ASÍ QUE EL CASTELLANO INVADIÓ MI CUERPO, MI MENTE Y EL IDIOMA EN EL QUE OS HABLO*). Así que les hablaré en castellano o, mejor dicho, español.

BARBIE   ¿Está todo? (*EL CHICO ASIENTE*) Ahora examinamos externamente el cadáver. Diferenciamos posibles cambios post-morten de lesiones reales. Y ahora, los cortes.

CHICO   Seguimos con esta autonecropsia de un conejo hecha por Barbie. Pero ahora te toca a ti.

Barbie

SUENA BARBIE GIRL. EL CHICO CANTA. BARBIE SE SUBE A UNA ALTURA PARA QUE TODO EL MUNDO LA VEA.

CHICO   *I'm a Barbie girl, in the Barbie world.*
Life in plastic, it's fantastic.
You can brush my hair, undress me everywhere.
Imagination, life is your creation.
We are Barbie girl, in the Barbie world
Life in plastic, it's fantastic.
You can brush my hair, undress me everywhere.
Imagination, life is your creation.

SIGUEN SONANDO LAS NOTAS DE LA CANCIÓN.

CHICO   Muñeca de polímero de Mattel.

292 mm. de alto, 91 cm. de pecho, 46 cm. de cintura y 84 cm. de caderas.

Rodillas llenas de alambres.

Coditos que se doblan al gusto.

Manos inertes de duro plástico para sujetar los bolsos.

Bolsos rosas de terciopelo.

Cierto pelo de plástico por cabellera.

Sonrisa de cartón.

Y unos ojos. Tan azules, tan grandes, tan directos.

BARBIE   Soy una muñequita estadounidense, una muñeca de los Estados Unidos que se fabrica en Japón, pero que se idea en Alemania. Curioso. Soy una muñeca de la marca Mattel que nace en la cabeza de la madre de Mattel. Una madre que quiere lo mejor para su hija. Una hija que necesita un referente. Un mal referente que nace en Alemania. Una Alemania donde existía una muñeca para adultos. Adultos es la palabra que la madre Mattel borra de esa muñeca alemana para convertirme en esta muñequita estadosunidosizada. Pero ellas, ni la madre, ni la niña, ni la fábrica de Japón, ni las estadounidenses, ni Alemania saben lo que han hecho. No se han dado cuenta de que me han convertido en una pequeña asesina, en una Frankenstein con licencia para matar. Soy una rubia olla a presión.

I'm a Barbie girl, in the Barbie world.

Life in plastic, it's fantastic.

You can brush my hair, undress me everywhere.

Imagination, life is your creation.

Aprendiendo a ser un chico obediente

BARBIE	Hemos retirado la piel y hacemos una incisión en el cráneo. Observamos un cerebro limpio y ordenado.
CHICO	Siempre fui obediente.
BARBIE	En la comida no se hace ruido.
CHICO	¿Qué?
BARBIE	Está marcado a fuego en el córtex cerebral. Es el inicio de tu orden cerebral y vital: a la hora de comer no se hace ruido.
CHICO	En casa olía demasiado a Brumel. La colonia del abuelo contaminaba toda la casa. Y con él aprendí y entendí que era ser obediente.
BARBIE	Todavía no nos conocíamos.
CHICO	Yo sí porque te había visto por televisión y te soñaba, pero sigamos con el córtex.
BARBIE	Eso es. ¿Y qué sucedió para que el córtex se ordenara tan limpiamente?
CHICO	Ese día, mi madre me pegó y entendí que había que ser calladito y obedecer. Ese día, mi abuelo, el del olor a Brumel, me dice que no puedo hacer ruido con la cuchara. Tengo que comer la sopa con cuchara y que no golpee con ella en el fondo del plato y no sé cómo hacerlo. Me siento a la hora que hay que sentarse, espero a todo el mundo para empezar a comer, no hago ruido para acercar la silla a la mesa, no hablo, ni canto, no hago ruido al masticar, no sorbo y me lo como todo… pero no sé cómo no hacer ruido con la cuchara cuando como sopa. Pero, al final, lo he logrado, no sé

cómo, pero lo he hecho. Pero mi abuelo no ha dicho nada. Después de comer llega mi prima. Yo estoy sentado en una silla. Me estoy balanceando. Un poco. Mi abuelo dice que pare. Estoy harto. Muy harto. Y, sin pensarlo, sentado, cojo la silla con mis manos y golpeo el suelo con ella. Salto con más fuerza y grito.

No puedo más.

PAUSA.

CHICO   Mi madre me da una bofetada. Es la primera vez.

BARBIE   Vives en casa de tu abuelo y tienes que obedecer. Y comes a la hora que él dice, estás callado y en silencio, y comes y callas y si no quiere que balancees la silla, no lo haces.

CHICO   Lloré. Ese día entendí que tenía que ser obediente. Tener que ser y ser no es lo mismo. Estaba harto y me habría gustado que mi madre me hubiera entendido. Me habría gustado oírla pedir perdón por la bofetada y que luego me abrazara muy fuerte y que llorásemos los dos. Me habría gustado que mi madre me hubiera dicho: te entiendo, cariño, pero tienes que entender que es su casa. (*SILENCIO*) Eso es lo que habría querido que hubiera pasado, pero no fue así. Y nunca hablamos. Yo obedecía. Eso entendí que tenía que hacer: OBEDECER. Ya así lo hice. Hasta el primer puñetazo que di fue por obedecer a mi madre.

BARBIE   Si te ha pegado, sal y pégale.

CHICO   Pero a los pequeños no se les pega, ama. Es lo que dicen en la tele.

BARBIE   Si te ha pegado, pégale.

CHICO	Estábamos jugando, él me pegó, mi madre dijo que le pegara y yo salí y le pegué un puñetazo en la nariz. Él cayó al suelo. Sangraba por la nariz. Se fue a casa. Yo me quedé esperando. Volvió. Ya no tenía sangre y seguimos jugando. Nunca más me pegó.
BARBIE	Tu cerebro aprendió a ser obediente.
CHICO	Sí. Era una cuestión de supervivencia.
BARBIE	¿Por?
CHICO	Sino obedecía, mi abuelo dejaba de hablarme durante meses y era violento y mi madre lo pasaba mal y se enfadaba conmigo, así que obedecía.
CHICO	Y después apareciste.

Javier Liñera

El rapto de Barbie

BARBIE Estás sentado en tu cuarto. Tu prima entra conmigo en la mano. Me tiene cogida en horizontal. Me cogen de cualquier forma.

CHICO (*AL PÚBLICO*) Me encantan los zapatos rojos de tacón de Barbie.

BARBIE Tu prima y yo entramos en tu casa donde solo se oye la aspiradora tragatodo de tu madre. Aparecen más primos tragotodo. Y tú estás en tu habitación viendo la bola de cristal, zoom, zoom, faradio, faradio...

CHICO (*AL PÚBLICO*) Los electroduendes y mi habitación son una balsa. Fuera, el sonido de la aspiradora de mi madre limpiatodo se suspende.

BARBIE Sales de la habitación y ves a tu prima y a tus primos.

CHICO Me cae mal.

BARBIE ¿Qué?

CHICO Ella. Mi prima. Me cae mal.

BARBIE Pero tienes que ser educado y saludas.

CHICO Así hay que ser. Obediente y educado...
"Hola".
Trae una Barbie.

BARBIE Te quedas mirando mis ojos azules de Barbie princesa que te miran. No pestañean. No pestañeo y no pestañeas.

CHICO Nunca me compraban muñecas. Los niños no juegan con muñecas, decían.

27

BARBIE   Tu prima acaba de dejarme sobre el sofá y se va a jugar con el resto de tus primos. Tus primos, que son peor que veinticinco aspiradoras de tu madre, se marchan.

CHICO   Tú estás sobre el sofá. Sola. Ahora solo tengo que cogerte. Solo pienso en eso y no me doy cuenta de que es la primera vez voy a robar.

BARBIE   Adiós al séptimo mandamiento.

EL CHICO ADMITE CON LA CABEZA Y SIGUE HABLANDO.

CHICO   La sala se ha hecho enorme. Mil metros cuadrados de sala, un campo de fútbol y pienso. ¿Te cojo? ¿Te escondo debajo del sofá? ¿Te tiro por la ventana? ¿Digo que hay una bomba, fuego o una rata? (*OYE UN RUIDO*) Creo que viene alguien y me siento. Me siento encima de ti.

BARBIE   Lo noto.

CHICO   Perdón.

BARBIE   Mis brazos se clavan en tu culo.

CHICO   Ya.

BARBIE   Perdón.

CHICO   Pero no siento dolor. Empiezo a sudar. Mucho. Me tiembla todo. ¿Estoy haciendo algo malo? Me quiero levantar y salir de ahí corriendo. ¿Adónde?

BARBIE   Un lugar oscuro.

CHICO   El baño. Mi madre pasa por delante de la puerta de la sala muchas veces. Demasiadas. Huele a *cristasol*, a lejía y a limpia polvo. Acarició el plástico de tu cuerpo. Suena el teléfono de casa y mi madre va a cogerlo. Entonces, te cojo. *La bola de cristal* está terminando

BARBIE	*Zoom, zoom, faradio, faradio. Zoom, zoom y me importa un vatio.* *¿Qué tiene esta bola que a todo el mundo le mola?*
CHICO	Te agarro y me levanto del sofá.
BARBIE	Me cogen de cualquier forma.
CHICO	Empiezo a andar contigo a mi espalda para que no te vea mi madre. Sudo. Mucho. Mi madre está en mitad del pasillo hablando por teléfono, al fondo está en baño. Tengo que pasar a su lado y no tiene que verte. Miro a mi madre con su trapo del polvo marrón. Empiezo a andar. Miro la puerta del baño. Quenomepille-quenomepille-quenomepille. Eso es lo que pienso. Estoy pasando al lado de mi madre. Soy un corazón latiendo. Y pienso, quenolavea-quenolavea-quenolavea.
BARBIE	Oigo a tu madre por el teléfono, pero no la veo. Tú eres como un eclipse. Entre tu madre y yo, estás tú. Pasas a su lado y a mí me haces girar alrededor de ti como si fuera un satélite y de pronto, delante de mí puedo ver la puerta del baño. Detrás de mí estás tú y detrás de ti, tu madre hablando por teléfono. Andas hacia él como si no pasara nada. Tu madre cuelga el teléfono y me encierras en el cuarto de baño.
CHICO	Eres mía.
BARBIE	*Now… You can brush my hair, undress me everywhere*
CHICO	¿Me dejas que te quite uno de tus zapatos?
BARBIE	No digo nada.
CHICO	Nos quedamos en silencio.

SE QUEDAN EN SILENCIO.

BARBIE	Un rato largo en silencio.
	SILENCIO.
CHICO	Y gritan tu nombre.

¿Dónde está mi Barbie? ¿Dónde está mi Barbie? Gritan mi nombre y yo grito: ¡Estoy en el baño! No me oyen y grito más fuerte: ¡Ama, que estoy en el baño!

Ya no me buscan, pero te siguen buscando a ti.

BARBIE	*I love you, honey.*
CHICO	Fuera del baño hay demasiados gritos, demasiado escándalo y yo tengo demasiado miedo porque sé que me van a pegar. Y cierro los ojos como los cerré el otro día en el puente de Deusto. Estoy en el puente de Deusto y oigo los gritos de los hombres que están tirando piedras a la policía. Mi madre me dice que estaban luchando por su trabajo, que hay que estar unidos, mi madre me dice que son como mi padre, que son padres con hijos, que son hombres enormes, fuertes, llenos de rabia y abro los ojos y veo la puerta del baño y oigo llorar a mi prima y me pongo a llorar. ¿Por qué lo he hecho? No me muevo y espero. Espero a que mi prima deje de llorar. Espero con el moco colgando y llorando en silencio. Tú estás en el suelo. Y mi madre me grita que va a acompañar a mi prima a su casa. Te cojo. Te abrazo y solo quiero que tú lo hagas. Te quiero.

Javier Liñera

El primer acto pensamiento

BARBIE
1. Amarás a Dios sobre todas las cosas.
2. No tomarás el nombre de Dios en vano.
3. Santificarás las fiestas.
4. Honrarás a tu padre y a tu madre.
5. No matarás.
6. No cometerás actos impuros.
7. No robarás.
8. No darás falso testimonio ni mentirás.
9. No consentirás pensamientos ni deseos impuros.
10. No codiciarás bienes ajenos.

Abrimos la masa cerebral y nos encontramos con esta lista.

CHICO
Rezaba todas las noches. Mi madre decía que tenía cuatro angelitos que cuidaban mi cama.

Los domingos iba a misa con mi madre.

Escuchaba al cura y miraba al Cristo colgado. No se parecía en nada a mi padre.

Mi padre nunca iba a misa, ni los padres del puente de Deusto, ni mi abuelo, ni el Brumel.

BARBIE
Y en este pliegue podemos encontrar un corte profundo lleno de sangre.

CHICO
Mi primer pensamiento impuro. Sucedió después de conocernos.

BARBIE
Vamos con ello.

CHICO
No quiero.

BARBIE
Venga, vamos.

CHICO
Me da pudor.

*BARBIE ESTÁ SENTADA ESPERANDO QUE EL
CHICO EMPIECE.*

BARBIE   A la ducha, hijo. Hoy te duchas con tu padre que no hay tiempo. Desnúdate.

CHICO   Hace frío.

BARBIE   Tu padre no va a tardar.

CHICO   Entro en el baño y mi madre enciende la calefacción y cierra la puerta.

BARBIE   Tápate con la toalla hasta que venga tu padre.

CHICO   Mi padre abre la puerta. Lleva puestos unos slips blancos Abanderados. Es muy alto y fuerte, como los padres del puente de Deusto que tiraban piedras a la policía.

BARBIE   ¿Tienes frío?

CHICO   No.

Nunca me había duchado con mi padre. Él está en calzoncillos. Delante de mí. Es enorme. Parece un superhéroe. Se quita los calzoncillos y le veo el pitilín. Es grande y gordo. Muy gordo y lleno de venas. Empieza a mojarme con la ducha.

BARBIE   ¿Está muy caliente?

CHICO   ¿Qué?

BARBIE   Que si el agua está demasiado caliente.

CHICO   Le digo: no.

Entonces cierra el grifo. Yo estoy empapado y tengo frío y empiezo a temblar, pero lo disimulo. Él coge una esponja, la llena de jabón y empieza a frotarme. Mi cuerpo está lleno de espuma y huele a Nenuco.

Se cae la esponja y mi padre se agacha a por ella. Entonces su pitilín me roza el hombro. Está apoyado en mi hombro. En mi hombro. Pesa. Quiero cogerlo. Quiero coger su pitilín, pero no sé si eso está bien, no sé si eso es de conejo obediente, pero quiero que ese pitilín se quede ahí, sobre mi hombro. Quiero sentirlo, tocarlo, chuparlo, morderlo. Estoy salivando. Me visto y a misa.

BARBIE   Tu madre te lleva de la mano, corriendo. Eres un conejito blanco con olor a Nenuco que llega tarde a misa.

CHICO   Y al llegar a misa miro el Cristo, musculado y lleno de venas, y solo pienso en las venas y en lo gordo que es el pitilín de mi padre. Es como una salchicha de esas alemanas que pone mi madre para cenar.

A sus órdenes mi maestro

CHICO | Después, mi padre se quedó sin trabajo, como tanta gente, y empezó a beber, como tanta gente. Bilbao era una ciudad cada vez más depresiva, más oscura, más gris y no solo era por la lluvia. No había trabajo, se desmantelaban las fábricas, los astilleros y decían que Bilbao tenía que reconvertirse. ¿Y yo me preguntó como se regenera una ciudad así? ¿Cómo se regenera un hombre que ha estado trabajando toda su vida en aquellos trabajos que estaban desapareciendo?

Ni el sirimiri de Bilbao limpiaba esa pátina de tristeza, ni esa violencia que se respiraba por las calles. La violencia de las personas sin trabajo, de ETA, del GAL, de la policía torturadora y de las discusiones a vida o muerte por la política.

Y yo me escondía en mi cuarto. Cerraba la puerta a Bilbao y ponía un disco de Madonna. Escuchaba a Christina Aguilera, a Britney Spears, a Gwen Stefani y a Pink, pero Madonna era especial y quería ser como ella y la imitaba. Me ponía una camiseta en la cabeza como si fuera su pelo, y dos calcetines como tetas y hacía playback de sus canciones: *Like a virgin*, *Vogue*, *Music*, *Like a prayer*. Quería ser la *Blonde Ambition*, imaginarme en el escenario con un corsé de Jean Paul Gaultier, ponerme de rodillas y rezar: *Oh, my god!*

BARBIE | El corte ha sido limpio. Separamos las dos partes del cerebro del conejo y descubrimos que es de un color azul Bilbao. Es un cerebro ejemplar.

CHICO | La obediencia penetró hasta lo más hondo de este cerebro de conejo.

BARBIE En estos bordes del cerebro se puede leer: Poesía. Naturaleza. Ciencias sociales. Clima oceánico, clima mediterráneo, clima polar. Religión. Moisés, los diez mandamientos y la pasión de Cristo según San Juan. Lengua extranjera. Matemáticas. Un tren sale de un punto A y otro tren sale de un punto B. Según la velocidad de cada tren /

CHICO ¿Dónde se juntan? ¿Se chocan? ¿Es un accidente o ha sido una bomba? ¿Y quién muere en ese choque? ¿Cuántos conejos pueden llegar a morir en ese choque? ¿Cuántos conejos se quedarán sin padre, sin madre, sin hermanos? ¿Alguien lo ha pensado? ¿Por qué nadie les avisa para que frenen antes de que atropellen a tantos conejos? ¿Y dónde está el dios de los conejos? ¿Tienen dios?

BARBIE Pero te callabas y hacías el problema como había que hacerlo y en silencio.

CHICO Si no estabas callado, uno de los profesores te tiraba una tiza. Así era. A sus órdenes y yo, como buen conejito de ojos azules inertes, acataba. Era lo que había que hacer. Ellos estaban allí, en las alturas y yo en mi madriguera.

BARBIE Todo en silencio: comer, estudiar, preguntar al profesor, acatar las órdenes del maestro, andar por los pasillos, correr en el patio del colegio. Hasta hablabas en silencio.

CHICO Hablaba en los exámenes orales.

BARBIE Te sacaban a la pizarra para hablar del sistema reproductivo, por ejemplo.

CHICO Yo pasaba muchos nervios. No podía mirar a los profesores a los ojos.

BARBIE	Pero sacabas buenas notas.
CHICO	Así de gilipollas era.
BARBIE	Aprendías el relieve de España.
CHICO	Los ríos de España.
BARBIE	Ebro. Guadiana.
CHICO	Guadalquivir.
BARBIE	Segura.
CHICO	Había un profesor que tocaba el culo a las chicas. Cuestión de cariño, de amistad, decían.
BARBIE	Era normal.
CHICO	Eso decían.
BARBIE	Pero daba asco.
CHICO	Otro te pegaba, o te gritaba. No les podías discutir, no podías opinar. El profesor de gimnasia te hacía correr mientras olía a alcohol a las nueve de la mañana. Todo era estudiar y callar y correr. No hables mucho, pregunta menos y haz caso. Es así porque es así y punto, y si te ha pegado es porque algo malo habrías hecho. La cuestión era aprobar. Aprobar para ser querido, para compensar, para que no te griten, para pasar desapercibido, para ser normal. Y, en recreo, yo jugaba al fútbol. Me decían que jugaba bien y aunque a mí no me gustaba mucho, yo jugaba porque todos los chicos lo hacían, y yo quería ser uno más.
BARBIE	Pero un día escribiste puta en la pizarra.
CHICO	Escribí puta.
BARBIE	Le llamaste puta a una compañera de clase.

CHICO	(*AL TÉCNICO*) Apaga todo. Quita todo. (*NO LE HACE CASO Y BARBIE LO REPITE SIN PARAR: ESCRIBISTE PUTA EN LA PIZARRA, PUTA, PUTA, PUTA*) ¡Qué sí! ¡Escribí puta! Tienes razón. (*BARBIE ESTÁ ASUSTADA*) Perdón. No quería gritarte. Además... Solo son cosas de críos.
BARBIE	¿Cosas de críos?
BARBIE	El profesor toca el culo a las alumnas, otro golpea con tizas, otros gritan e insultan y tú escribiste puta.
CHICO	No es para tanto.
BARBIE	¿No es para tanto?
CHICO	No.
BARBIE	Nunca es para tanto, así que calladitas, mejor. Eso les dijeron los gays blanquitos con jardín delantero y piscina a las travestis, trans, bolleras y mariquitas. Tan solo tenéis que apartaros para que nos acepten. Solo eso. Tienen que vernos normales, sin excentricidades, ni grititos. Así que el *Pride* les apartó. La marca *Pride* es para la gente normal que quiere una vida normal, que quiere casarse, tener hijos, un coche de alta gama y una casa con piscina y jardín delantero. El *Pride* es bolsitas a veinte euros, viajes a tres mil quinientos euros y hoteles de cuatro estrellas. El *Pride* es *merchandaising* de *Gucci, Carolina Herrera, Adidas, Reebook*. Vísteme bien de todos los colores que yo te blanqueo.

Prefiero no contarlo yo

BARBIE	Y ahora toca abrir la caja torácica.
CHICO	¿Ahora?
BARBIE	Es el siguiente paso.
CHICO	No me gusta.
BARBIE	¿Por?

EL CHICO SE CALLA Y APARTA LA VISTA. BARBIE LE ABRE EL TRAJE DE CONEJO.

barbie Todo va a ir bien. (pausa) Cortamos las costillas y extraemos los pulmones y el corazón. Los pulmones están encharcados.

CHICO El asma.

BARBIE Hacemos un corte en "V" en el corazón. Las paredes deberían ser lisas y brillantes, pero se observa una cicatriz profunda.

CHICO Prefiero no contarlo yo.

BARBIE Pues si no lo haces tú, que lo haga el diario. (*COGE EL DIARIO Y LE HABLA AL TÉCNICO*) Nene, ¿me pones el audio del diario?

EL CHICO SE ESCONDE. BARBIE ABRE EL DIARIO Y SE ESCUCHA.

"Hoy, mi profesor favorito me ha dicho que quería hablar conmigo. En el colegio había profesores, varios, y algún que otro cura. Ellos, los profesores, me cuidaban.

Mi profesor favorito es muy grande y guapo y habla mucho conmigo. Es un hermano mayor.

El profesor está en un despacho. Las clases han acabado, pero yo tengo que hablar con él. No sé por qué y tengo miedo, pero el profesor me mira y me sonríe y ya se me quita el miedo y entro. El profesor cierra la puerta y se sienta en un sofá. Yo me siento a su lado porque me lo pide él. Me habla de las clases, del patio y no sé qué más. Nos hemos reído y ha puesto su mano en mi pierna y me pregunta si estoy bien. Estoy muy nervioso y lloro. El profesor me abraza y me acariciaba la espalda. Huele bien. No huele a Brumel. El profesor me seca las lágrimas y me coje la cara con sus manos y me mira a los ojos. Yo sonrío. No sé qué hacer. Es tan majo. Se acerca a mi cara. La barba es demasiado dura. No me gusta la barba. Raspa. El olor es demasiado intenso y su barba demasiado dura, pero no me muevo. Su barba acaricia mi cuello, mi mejilla, mis labios y sus labios tocan los míos. Me besa y no me aparto. Quiero salir, pero no me muevo. Empiezo a temblar como un conejo. Voy a vomitar. El hombre coje mi mano y se la acerca a su pitilín. Mi mano está sobre el pantalón y la mano de ese hombre sobre la mía. Debajo de mi mano siento el latido del corazón de un conejo, pero más grande. Pienso en mi abuelo y no lloro. Hay que ser niño obediente."

EL CHICO BAILA. SE OYE UNA MÚSICA DISCO.
BARBIE CIERRA EL DIARIO.

BARBIE   Y mientras entraba el petróleo en su habitación, otro virus entraba en diferentes cuerpos de diferentes personas. El pánico al SIDA inundaba los cuerpos y los cerebros. Miedo a la enfermedad, al cuerpo diferente y por eso Margaret Thatcher y Ronald Reagan deciden acotarlos, acordonarlos, estriparlos. ¿Para qué cuidar cadáveres vivientes? ¿Se necesita gastar tanto dinero en su salud? Están muertos. Cuanto menos presupuesto en salud, más miedo. ¿No es mejor la construcción de una autopista, de un puente, de unas olimpiadas en Los Ángeles? Tío Sam sálvanos, tú que puedes porque la Thatcher y Reagan iban a conseguir que marica y SIDA fueran de la mano. Conseguirán que todo el mundo escapara de un cuerpo diferente. Yo, Barbie, sería un gran modelo para las niñas. Una mujer perfecta y dulce para los ojos de los hombres *Brumel*.

Javier Liñera

Jugar a autostop, a Galáctica
y a ver las estrellas hasta que te llaman maricón

EL CHICO SE ACERCA A BARBIE

BARBIE ¿Todo bien?

CHICO Podemos seguir.

BARBIE Examinamos también las articulaciones. El líquido de las articulaciones debería ser brillante.

CHICO Siempre me ha gustado el glitter.

BARBIE El amor y la pulsión sexual residen en los huesos porque no tienen moral.

CHICO Y mis huesos de glitter no tenían moral.

También juagaba con mi vecino a autostop. Lo hacíamos en su garaje. En la oscuridad. Y en ocasiones, en el coche nos abrazábamos como si fuéramos una pareja que se acababa de conocer. Como lo hacían en las películas.

O jugábamos a Galáctica, una serie de televisión. Y yo era el héroe y él la novia, o viceversa.

Y de noche, después de estar con todos mis amigos del instituto, Asier y yo nos quedábamos solos. Yo me tumbaba sobre él, él me acariciaba el pelo y juntos veíamos las estrellas.

BARBIE Los huesos no tienen moral.

CHICO Y aunque yo hacía todo esto como a escondidas, no pensaba que hubiera algo en mí que no funcionara bien. Hasta que oyes maricón por primera vez. Fue un chico en el instituto. Aprendía matemáticas, lenguaje, ciencias sociales, naturaleza, religión y empezar a odiarse a uno. Prefiero las orejas de soplillo, la nariz aguileña, o ser muy bajo o

43

demasiado alto o muy gordo, pero maricón, no. Entendí en pocos días que yo estaba más abajo que todos ellos. Yo era menos que el gordo, que la fea o el soplillo o la sabionda. Empecé a entender que ser así, iba a ser peor.

BARBIE La segunda vez fue en Burgos, en casa de tu tía, cuando hiciste las pruebas para entrar en la mili por el asma.

CHICO Llego a casa de mi tía después de las pruebas. Entro y me quedo en el pasillo, mis tías hablan, no me han oído entrar.

BARBIE Quizá no haga la mili por maricón.

CHICO Intento no hacerle caso. Intento olvidar lo que he oído y entro y las miro y ellas se ríen. Salgo y voy al baño, pero no llego y vomito en el pasillo y pienso que mis tías y en el chico del instituto. Saben algo de mí que yo no sé y que es muy malo y que no debía ser. Yo soy un buen chico obediente y no quiero ser eso. Yo quiero ser normal.

BARBIE Entrénate.

Pon la voz grave.

No dobles la mano.

Siéntate con las piernas abiertas.

No cruces las piernas al sentarte.

Escupe al suelo.

Saluda con una hostia.

Di todo el tiempo: joder.

Agarra las cosas con fuerza.

Habla más alto.

Tienes que ser un buen chico.

No te gustan las muñecas.

CHICO   Y yo me entrenaba. Como un soldado. Y empecé a tener novias.

BARBIE   ¿Cuántas?

CHICO   No recuerdo sus nombres. Solo recuerdo que tenía que comerle las tetas, que tenía que besarlas delante de la gente y agarrarles de la mano. Quieres dejar de ser asmático, melancólico, quieres dejar de vomitar, quieres que te guste el fútbol, quieres pasar desapercibido, quieres ser querido, ser normal.

BARBIE   Y rezas.

CHICO   Aunque no te oiga, le rezas a Dios.

BARBIE   Te sientes único.

CHICO   Me siento solo y enfermo. Y le miro al Cristo en la misa y sigo rezando. Desgasto el *Padre Nuestro* y el *Ave María*. Siento que soy un monstruo. Un monstruo obediente y educado.

BARBIE   Y la tercera vez, los amigos.

CHICO   Dicen que prefieren tener un hijo yonki a uno maricón. Y me callo y sigo entrenándome, sigo rezando.

BARBIE   Y la cuarta vez fuiste tú mismo quien dijo soy *maricón*. Suena *Encore un fois*.

Mesdames, messieurs, le disc-jockey Sash! est de retour y tú te llamas, por lo bajito, gay. Eres un gay. Suena mejor que maricón.

La fiesta empieza con la caída del muro de Berlín y el tratado de Maastricht. Televisan por capítulos la guerra del golfo y se cierran las fronteras, las Olimpiadas de Barcelona 92 y la exposición universal de Sevilla 92 son una celebración. En

Ruanda, África, se produce un genocidio y se crea la primera Barbie negra con rasgos caucásicos. Y cae la dictadura chilena y Fujimori es presidente en Perú y todavía no sabíamos que Chile sería el laboratorio de un capitalismo que ahogará nuestro cuerpo, y me compran la mansión de Barbie Malibú. Se clona a la primera oveja Dolly y muere la exprincesa Diana de Gales, y muere Freddie Mercury. El SIDA es la primera causa de muerte y los maricas son la peste. Sé un hombre te dirán y ¿cómo le dices a tu madre que eres maricón?

CHICO   Suena *Encore un fois* en mi conejar y pienso: ¿cómo decirle a mi madre que yo soy gay cuando todo empieza a ir mejor? Todo va bien y mi padre ha encontrado una especie de trabajo y yo le voy a joder la vida a mi madre. Se lo digo y ella no para de llorar y de decirme que voy a sufrir mucho, que si lo he pensado bien. Y ahí estoy yo, consolándola. Mi madre ya tuvo una depresión post parto y va a tener otra depresión post tu-hijo-es-maricón y eso que le dije que era gay. La culpa es mía y se acaba de abrir una brecha en la tierra y ya no pisamos el mismo suelo. Se abre una brecha y una enorme pared que voy a tener que escalar para ser como mi madre quiere que sea, para ser un conejo de ojos azules adorable. Voy a tener que compensar toda esta distancia y todo este dolor. Suena *Encore un fois* y yo estoy consolando a mi madre pensando en la compensación y en la culpa de la depresión post parto que le acabo de hacer sufrir. Entre el mundo y yo se ha abierto una brecha gigante e indestructible.

Quiero ser normal, quiero ser normal, quiero ser normal. Quiero que me quieran.

BARBIE   Muchas personas querían ser normales. Muchas personas querían ser queridas. Si eras normal

Reebook se vestía con los colores del arcoíris, *Adidas*, en junio, era un gay musculado, el IBEX entero salía el veintiocho de junio a la manifestación de blanquitos gays de alta gama. Mi duda es, ¿dónde estaban las travestis, trans, bolleras o mariquitas? Quizás dejaron de existir, como los gays en Euskadi. Eso decía el Gobierno Vasco, que en Euskadi, tierra de machos, no existían. ¡Ven y cuéntalo!

Una olla a presión

BARBIE Se pueden observar unos intestinos con olor a cloaca.

CHICO Soy una cloaca.

BARBIE ¿Cuándo empezaste a oler así?

CHICO La primera vez que vi un bar gay sentí asco y miedo. Me daban asco ellos con sus manera y grititos. Y me daba asco yo. Empecé a oler así.

BARBIE ¿A cloaca?

CHICO Algo así.

BARBIE ¿Y te dabas asco?

CHICO Bastante.

BARBIE Pero ahí estabas, en el bar gay, oliendo a cloaca.

CHICO Yo era una olla a presión. Era un adolescente de trece años en un cuerpo de veintitantos años.

BARBIE Hay demasiados chicos en el bar y la música está demasiado alta para hablar.

CHICO Bailo.

BARBIE Y pides una cerveza.

CHICO La necesito para poder estar en pie. Me tiembla todo y me asquea todo y pienso en Cristo y en sus venas.

BARBIE Se acerca un chico.

CHICO Pido otra cerveza y Cristo sigue ahí. Rezo. No tengo ni idea por qué lo hago, pero mientras el chico se acerca yo estoy diciendo: Padre nuestro que estás en los cielos, santificado sea tu nombre, venga a nosotros tu reino.

BARBIE	Él se acerca más.
CHICO	Venga a nosotros tu reino. Venga a nosotros tu reino. Venga a nosotros tu reino. Me quedo como un disco rayado. Él me saluda y yo no digo nada poque prefiero callar a decir: que la paz esté contigo.
BARBIE	Y bailas.
CHICO	Prefiero no hablar. El chico también se pone a bailar. ¿Por qué no se va? Me agarra. ¡Qué asco! Creo que voy a vomitar. ¡Dios! Bebo. Bebo. Bebo. Se acerca. Está demasiado cerca. Huele bien. Pero yo solo pienso en vomitar.
BARBIE	¿La cloaca?
CHICO	No sé. De pronto noto su polla contra mi perna y pienso en Cristo, en sus venas, en el bulto del profesor, en la polla de mi padre y en las salchichas alemanas de mi madre. No, no, no, no, no puedo pensar eso. Borrar, borrar, borrar. Y mientras pienso, bailo y sudo y él me besa. Yo estoy disociado y no me entero.
BARBIE	Os besáis.
CHICO	Y me doy cuenta de que estoy empalmado.
BARBIE	Y se te cae la cerveza.

SILENCIO. TODO SE QUEDA SUSPENDIDO.

CHICO	Me acabo de enamorar.
BARBIE	Como un adolescente.
CHICO	Soy un tío de veintitantos años que se enamora como un adolescente de trece años porque no sé hacerlo de otra manera y soy feliz. ¿O no? No

lo sé. Solo sé que quiero pasar toda la vida con él. ¿O no? No lo sé. ¡Qué asco, Dios! Pero qué rico. De verdad. Pasa la noche y ya no recuerdo su nombre. Paso una semana soñando con él. Lloro porque no puedo verle. Es verdad que no sé su nombre, pero sé que es el hombre de mi vida. Quería volver a sentir su barba dura por mis labios, su bulto en mi pierna y su lengua en mi boca. Así que vuelvo a salir por Bilbao. No le encuentro, pero hay otro más alto. Me acabo de enamorar. Otra vez. Y otra, y otra, y otra.

BARBIE   Eres expulsado en nombre del padre, del hijo y del espíritu santo y terminas en las noches de Bilbao.

SUENA SISTER GOLDEN HAIR DE SPANIC.

CHICO   Le miento a mi madre y salgo todos los fines de semana. Entro en todos los bares y discotecas gays. Bebo. Mucho. Mi padre me ha enseñado bien y yo necesito salir de mí, no oler a cloaca, no pensar porque me siento extraño, culpable y yo quiero disfrutar de cada momento de cada segundo. Me falta tiempo. Me han robado años y hay que recuperarlos. Rápidamente. Soy una olla a presión que acaba de explotar.

BARBIE   Bailas extenuado y borracho.

CHICO   Bailar, destrozar las extremidades del conejo es necesario.

Beber y reír son necesarios.

Salir cada noche es necesario.

BARBIE   De vida o muerte.

CHICO   Cada noche me muevo entre los cuerpos sudados de tantos chicos.

Me gusta ese olor.

No huele a Brumel, ni a Cristo, ni a salchicha alemana.

BARBIE
Y les besas. Se acerca y a pesar de tu timidez de conejo, les besas.

CHICO
Porque este conejo de peluche se está transformando.

BARBIE
Aunque te sientes extraño, le besas.

CHICO
Y me enamoro de nuevo como un adolescente de trece años porque no sé hacerlo de otra forma.

BARBIE
Cada noche te enamoras como un adolescente.

CHICO
Soy una olla a presión rodeado de demasiados olores, de demasiadas miradas, de demasiada música, demasiados estímulos.

BARBIE
Quizás no sabe lo que es el amor.

DEJA DE SONAR SISTER GOLDEN HAIR DE SPANIC.

CHICO
Es que no era amor. Confundía amor y sexo. Es lo que tiene no haber sido adolescente. Así que, ahora, era ese adolescente de trece años en un cuerpo de un tío de veintitantos años.

Después de follar, algunas veces, me sentía culpable. Aparecía Cristo, mi madre, los cuatro angelitos que ya no guardaban mi cama y la zanja que se había abierto y que cada vez era mayor.

BARBIE
Y dejas de ser el conejo de la necropsia.

CHICO
Y aquí termina lo que es la necropsia como tal y yo seguí mi vida. Seguí entrenándome para ser un tío normal.

BARBIE
Voz grave.

No dobles la mano.

Piernas abiertas.

Escupe.

Saluda con una hostia.

Barba.

La marca Pride en tus nalgas.

CHICO Después llegó el amor, el desamor, las amistades, las navidades, los veranos, los trabajos y demás. Me casé. Como había que hacerlo. Tuve un perrito. Un pastor alemán. Iba al gimnasio. Viajaba: Tailandia, San Francisco, Australia. Por fin teníamos los mismos derechos. Te puedes casar, tener hijos, y nadie te va a pegar. Me fui construyendo como el cuerpo de un chico gay "normal" con casa con piscina y jardín delantero.

TODO FRENA Y ÉL SE PONE BAJO LA LUZ DEL FLEXO DE SU MESA.

CHICO Ahora tengo 47 años y me he convertido en esto que veis. Hemos abierto la caja torácica, los pulmones, el corazón y el cráneo. Hemos desperdigado el cerebro. Hemos abierto el cuerpo en canal y habéis visto cómo aprendí a comer sopa sin chocar la cuchara contra el fondo del plato, habéis visto que soy chico obediente y silencioso que nací cuando murió Franco, y que viví la violencia en mi cuerpo y la de ETA, habéis visto cómo me excité con la polla de mi padre, y cómo un profesor quiso que me comiera la suya. Habéis visto cómo quise ser querido por mi madre, por mis tías, mis amigos y mis profesores. Hacía todo lo posible por ser amado, por ser normal. Por eso tenía que compensar, ser el más bueno, el más obediente, el más silencioso, el que mejor notas sacaba, el más dispuesto. Yo quería eso. Ser querido y lo soy. Ahora soy un hombre querido, pero algo no va bien. Pero a estas alturas, ¿qué le puedo hacer?

BARBIE   ¿Qué le puedes hacer?

CHICO   Ya lo siento. Soy así.

BARBIE   No hemos hecho todo esto para decir: es que soy así. ¿Verdad?

CHICO   Bueno, yo /

BARBIE   Te has convertido en eso mierdas de gay que defendieron el matrimonio homosexual, la adopción, y una vida que se pareciera a la heterosexual. Eres un bonito gay de catálogo heterosexual. Un gay que parece que no lo es. Un gay deslavado. Un gay engullido por el Pride. Casa, piscina, jardín delantero, perrito y un marido a quien cuidar.

CHICO   Es que no podía hacer otra cosa porque /

BARBIE   Siempre se puede hacer. ¿O te crees que yo he querido ser así?

CHICO   ¿Así? ¿Cómo?

BARBIE   ¿Dónde están las travestis?

CHICO   ¿Qué?

BARBIE   Las personas trans, las bollos, las mariquitas enfadadas, ¿dónde están? Está obnubilado por el arcoíris de Adidas y te la suda. Te la sudo yo, una muñequita hecha al gusto de Brumel. Te la suda porque, por la mañana, le das un beso a tu marido y te bañas en tu piscina. Hasta allí no llegan los gritos y algo no va bien.

CHICO   Eso no es verdad. Solo es lo que me ha tocado vivir.

La BLO, Barbie Liberation Organization, y el Macro Falco

BARBIE Claro. Tú construías tu cuerpo hacia el obediente gay con tufillo a Brumel y a mí me fueron construyendo. Primero que si Barbie Princesa, Barbie Lolita, Barbie Ciurdad, Barbie Silla de Ruedas, Barbie Oreo.

CHICO ¿Oreo?

BARBIE Sí. Negra por fuera y blanca por dentro. Me hicieron con la piel tostada, pero con rasgos caucásicos. Pero aprendí, no me quedé diciendo: es que soy así. Yo aprendí de la BLO.

CHICO ¿Qué?

BARBIE Barbie Liberation Organization.

A mí la *Mattel* me hizo hablar y tuve que decir cosas como:

¡La playa es el sitio para el verano!

¡Me encanta ir de compras!

¡Vamos a planear nuestra boda de ensueño!

Y también "¡La clase de matemáticas es muy difícil!"

Pero la BLO, la Barbie Liberation Organization, me hizo hablar como los muñecos G.I Joe. Y empecé a decir:

¡Al ataque!

¡La venganza es mía!

¡Traga plomo, Cobra!

Pero yo estoy hasta el coño ya. Y nosotras hemos hecho toda esta necropsia no para dar pena, sino para entenderse uno y soñar. A ti te construyeron así, pero ahora, ¿por qué no soñar? ¿No decías que algo no iba bien? ¿No decías que tenías que *autonecropsiarte* porque algo no iba bien?

CHICO	Bueno... sí... pero.

BARBIE	Pues la cuestión es soñar. Soñar con... Yo qué sé. Con ser un bebé. Soñar con ser el bebé que hace volar el coche de Carrero Blanco o que muerde la polla a su padre.

CHICO	O le destroza la polla al profesor o le grita al abuelo que es gilipollas, bobo, asqueroso, imbécil, y le ahoga con colonia Brumel.

BARBIE	Eso es. Ser una muñeca que vomite a las niñas.

CHICO	O patear a cada uno de los profesores. Al que gritaba, al que insultaba, al de gimnasia y su olor a alcohol, al que me sacaba a dar la lección, al que tiraba tizas y al que le tocaba el culo a las chicas.

BARBIE	Convertirse en su peor pesadilla.

CHICO	Un conejo de peluche terrorista.

BARBIE	Ser la muñeca alemana para adultos, cabreada y me vais a empezar a comer el coño.

CHICO	Un peluche gigante y sediento de sangre. Eso. Ser un *Macro Falco* enorme, un peluche gigante, musculado y con una enorme polla y disparar a todos los hombres buenos. A mi abuelo de *Brumel*, a mi padre borracho, a mis amigos, a los profesores. Un Macro Falco enorme. Un Macro Falco con una enorme polla que se va a follar a Franco, a Carrero Blanco, a Margaret Thatcher, a Reagan y a los cuatro angelitos y a Cristo, al colegio, a la casa de mis padres y a mis tías, a mi abuelo, al *Brumel* o a la cuchara que golpeaba el plato, al Congreso, al edificio de Iberdrola, al del BBVA y al del IBEX 35.

Escribiste puta

BARBIE	Para, para, para...
CHICO	¿Qué?
BARBIE	Sudas *Brumel*. /
CHICO	Yo /
BARBIE	Sigues siendo igual.

Escribiste puta y ahora quieres ser un peluche musculado con una gran polla. Una polla gigante, descomunal, que aplastará al mundo como lo hicieron antes otras tantas pollas. ¿No hay otra solución más que tu enorme polla?

CHICO	Yo...
BARBIE	Eres otro hombre *Brumel* aunque no lo quieras. Vuelves a querer ser un macho que se folla todo. Primero te haces la víctima y luego eres un macho *Brumel* y estoy hasta el coño. Me vas a comer el coño. Me vais a comer el coño todo el mundo y las primeras, la madre y la hija de *Mattel*, que me domesticaron demasiado pronto, que me convirtieron en la puta Eva de las Sagradas Escrituras en las que me gustaría mearme porque son el inicio de la madre reproductiva, de la máquina de hacer trabajadores, del silencio, de las rodillas dobladas y de la posesión. Me queréis vuestra, ¿verdad? Me vais a comer el coño todos los papás: el papá de ciencias sociales, el de lenguaje, el papá de literatura, el papá de la iglesia, el que dicta la ley, los papás que salen en la televisión o el que te encuentras en las escaleras de la universidad y te mira las tetas, el papá que te lanza un piropo, el papá que te acaricia la nuca en el examen, o el papá que te

explica el funcionamiento de una puerta como si fueras gilipollas, o el papá que quiere salvarte de la vida, o los papás que se sientan en los sillones de la RAE diciendo cómo hay que hablar. O el papá que abre las páginas porno y se folla a la niñita, o los papás que celebran el Pride de Adidas, Inditext, Repsol, Iberdrola y se ponen hasta arriba de coca rosa.

Hasta el coño estoy de ti y de todos los papás, Fidel, el Che, Kim Non Jung, el Papa y el obispo de Alcalá de Henares, el lehendakari, Putin, Biden, Obama.

¿Un Macro Falco? ¿No había otra cosa? Un peluche con una enorme polla. ¿Pero de qué nos sorprendemos? Eres hijo de esos papás.

Y me encantaría cortaros la cabeza. Un mar de cabezas cortadas. Yo de pie, con una catana en mi mano. La sangre cae por la catana y por mis piernas hasta llegar a mis pies. Un lago de sangre lleno de vuestras cabezas. Ahí estáis, los hijos de Colón, del Papa, de Putin, de Aznar y de Azaña, de Trujillo y de Gandhi. Y ahora te callas. Eso tendrías que hacer, callar y apartarte.

Apartarse

CHICO	Lo siento.
BARBIE	No es cuestión de sentirlo, es cuestión de apartarse.
CHICO	Sí. Eso tengo que hacer. Tengo cuarenta y siete años y no sé quién soy. Hay una distancia terrible entre mí y yo. Yo solo quería ser querido.
BARBIE	No sigas por ahí.
CHICO	Perdón.

Mandé callar a mi madre, escribí puta en la pizarra, le hice cosquillas a una chica, he sido condescendiente, paternalista, me he sentado con las piernas abiertas, he sido un hincha del Athletic y he gritado oe, oe, oe.

Tengo cuarenta y siete años y quiero ir destruyéndome.

Por eso, ahora, voy a apartarme. Necesito apartarme porque algo anda mal aquí. Lo has visto. Los gritos de los profesores, las normas de mi abuelo, las ganas de querer agradar, de compensar, los cuatro angelitos, mi madre y sus lágrimas, la lluvia de la ciudad, la vergüenza, la culpa, están aquí, en mi cerebro, en mi piel, en mis huesos, en mi corazón. Está tan pegado a mí, que ahora necesito despegarme y para eso necesito apartarme, acallarme y escuchar. Necesito dejar de ser yo. O dejar de ser aquel yo. Algo no anda bien aquí, como cuando era un niño. Eso siento. Algo no va bien.

SILENCIO.

CHICO	¿Sabes? Ahora, te preguntan, antes no. ¿Chico, chica...? Me hubiera gustado mucho que me lo hubieran preguntado. Si hubiera tenido esa

oportunidad... No sé si entiendes lo que significa para mí. Es como... como si hubiera perdido años.

BARBIE El DNI es una marca violenta. Pero todo se puede intervenir. El lenguaje se puede intervenir, los discursos, tu cuerpo, tu cerebro...

CHICO Y sigo con la vergüenza, la culpa y el miedo. Todavía tengo miedo. Miedo a los chicos, a mi padre, a mi abuelo, a los directores, a los jefes, a los profesores.

Miedo a cada uno de los profesores y bajo la mirada.

Sé que el profesor que me cruzo en la escalera abusa, pero callo.

Sé que aquel hombre tocó aquella chica y no le digo nada, el Obispo de Alcalá dice barbaridades y tan solo escribo en Twitter.

Sé que hay comentarios tránsfobos y me callo.

Me hablan de gay normales y callo.

Gritan maricón por la calle y bajo la cabeza.

Dicen que irrumpen las identidades de género, que las personas trans están en contra del feminismo, que tiene que haber baños para heterosexuales, que ser trans está de moda y no sé qué más tonterías y yo... no digo nada. O lo escribo en Twitter, o en Instagram.

Soy gilipollas.

BARBIE Poco a poco.

CHICO ¿Sabes? Quiero volver a mi cuarto, al conejar, y ser un conejo.

BARBIE Túmbate conmigo.

CHICO ¿Puedo hacerte caracolillos en el pelo?

BARBIE   Sí.

CHICO   ¿Sabes? Apartarse no está mal.

                 SILENCIO.

BARBIE   ¿Sabes? Te quiero.

CHICO   Yo también.

                 FIN.

eTEATRO
Colección ebook de textos teatrales

GRAN FORM
Recopilaciones de

eTEATRO
Literatura infantil digital

www.naque

LIBRETOS DE MANO
Texto completo y fichas técnicas de la obra en cartel

Ñaque o de piojos y actores J. S. Sinisterra
Cada persona es un mundo A. Cremades
Ecos y Silencios Premios Bradomín
Zona Cero Varios
Extinción I. Ramírez de Haro
El día de autos J. Busto
Chamaco A. González Melo
(No son todos ruiseñores) Y. Pallin
Titus Andronicus F. Urdiales
Calderón, ¿Enamorado? J. M. Ruano
Calderón, los clásicos y el flamenco Varios
La fuerza lastimosa Y. Pallin
El mayor hechizo, amor F. Urdiales
Dos amigos de Verona C. Marchena
El Alcalde de Zalamea Calderón de la Barca

AUTORES
diciones especiales de autores especiales

Tres monólogs y variaciones J. Sanchis Sinisterra
Más Teatro Casi Completo
La calle del infierno A. Onetti
Con cinco piezas más
Deja el amor de lado J. Sanchis Sinisterra
I Vol. del Teatro Casi Completo
Kafka en escena J. Sanchis Sinisterra
'Teatralidad' en un teatro narrativo
Trilogía de la memoria Antonio Travieso
Es la memoria de muchos que son una

TXTO
De venta exclusiva en libreriadeteatro

M. García Arzoz. **Teatro escogido**
Todos interpretamos, nos negamos a sabernos
. **Este no es un lugar adecuado para morir**
La mirada de los otros, de los demás
B. Cano. **Las Furias de Electra**
Es Electra después de Electra
O. Mínguez Pastor. **Lo que el tiempo nunca curó**
Dolor, silencios, represión, locura
S. Madrid. **Contratiempoymarea • Waltus**
Plácido y Domingo a la espera de su cita más importante
J. P. Carrasco. **El vendedor de balsas**
Siempre han existido balsas, éxodos y exilios
B. Cano. **Medea versión Beatriz Cano**
Relectura del clásico de Eurípides
S. Sampedro. **Cecina de Poni**
Desconcertante drama cómico sobre el desconcierto
S. Portela. **En estado de espera**
La exploración ética del aborto
N. de la Llana. **Dios en la niebla**
Un personaje fáustico perdido en la niebla unamuniana
O. Mínguez Pastor. **El atardecer de cristal**
La Humanidad cometió atrocidades
V. García Campo. **Luz Difusa**
La vida transforma a las personas
V. García Campo. **El Cuaderno de Elisa**
Vivir: un cruce de decisiones
o Viñolo y C. Lloret. **La Hipoteca de nuestra vida**
Crisi, hipotecas y las ilusiones que las precedieron
M. Galindo Abellán. **Malas. Una de dos**
Sea piadoso con su sentencia hacia estas *Malas* mujeres

COLECCIONES

Adolescer Varios autores
13 textos teatrales · 13 géneros teatrales · 13 de los mejores dramaturgos

OBRAS
Textos inéditos selectos

J. Sanchis Sinisterra **Monsieur Goya (Una indagación)**
¿Podría ser este el dibujo de una incertidumbre?
J. Sanchis Sinisterra **El lugar donde rezan las putas**
Para que lo dicho sea
E. Redondo **Ruta 99**
El teatro es juego y lupa para entendernos un poco mejor
J. Sanchis Sinisterra **Sueños y visiones del Rey Ricardo III**
Qué pasó la noche anterior a la batalla
J.M. Corredoira **Diferencias sobre la muerte**
Tres diferencias
A. Travieso **Hamlet está dormido**
El tiempo. El caos interior
B.Ortiz de Gondra **El barbero de Picasso**
Exilio y amistad
J. Alonso de Santos **Un hombre de suerte**
Un actor retirado cumpliendo una promesa
J. Sanchis Sinisterra **Flechas del ángel del olvido**
Mayra, Veronica, Margarita, Celia... X
F. Cabal **Tejas Verdes**
7 mujeres. Una mujer. 7 historias. Una historia
P. Pedrero **Beso a beso**
Besos de mujer. Los cuentas ellas solas o en pareja.
I. Amestoy **De Jerusalén a Jericó**
Paula. ¿Dónde está la normalidad?
J. Mira **Asalto de cama**
Premio Tricicle de teatro de Humor
J. Alonso de Santos **Yo Claudio**
Clau-Clau-Claudio. Todo el mundo se ríe de ti.
S. Belbel **Forasteros**
Siempre piensan en sus familiares, los vivos y los muertos
J. Sánchis Sinisterra **Teatro menor**
Vacio. Pervertimento. Mísero prospero. Otras poquedades...
A. Álamo **Cantando bajo las balas**
El primer acto franquista después de la guerra contado por...
L. Cunillé **Aquel aire infinito**
Un Ulises contemporáneo frente a frente a Electra, Fedra, Medea y Antígona
R. Mendizábal **Crímenes horrendos**
El exceso procura aquí una carcajada amarga
A.Onetti **Madre Caballo**
Una realidad social, tragedia para muchos andaluces
J.R. Fernández, L.M. González y A. Solo **30º de frío**
Conoci a un hombre desmedido. El creyó mover el mundo con sus manos
D. Facal **La pesadilla de Kepler**
Yo flotaba en el espacio. El universo seguía las leyes de Kepler
B. Ortiz de Gondra **Miguel de Molina**
El final del cantaor de copla
D. Facal **Obras incompletas (2003-2008)**
Morfología de la soledad. Kellogg's Politik. Madrid laberinto XXI
Ron Lalá **Mundo y final**
Un libro disco de un espectáculo musical hilarante
M. Muñoz Hidalgo **Desbandada**
Obra multilingüe sobre el poeta Miguel Hernández, y dos textos más
F. J. López **Cuando fuimos dos**
Una pareja. Lo difícil que es ser uno cuando se es dos
B. Ortiz de Gondra **Duda Razonable**
Un drama policiaco sin policias
T. Motos **Sylvia, leona de Dios**
Más allá de los límites del convencionalismo